RECORRIDO POR LA CIUDAD

AEROPUERTO

por Alissa Thielges

amicus LEARNING

puerta de seguridad

cinta transportadora

Busca estas palabras e imágenes mientras lees.

pista

puerta de embarque

¿Estás listo para volar?

¡Vamos al aeropuerto!

Carl's Jr.

Un aeropuerto es grande.
Van y vienen los aviones.
Puedes comer y comprar.

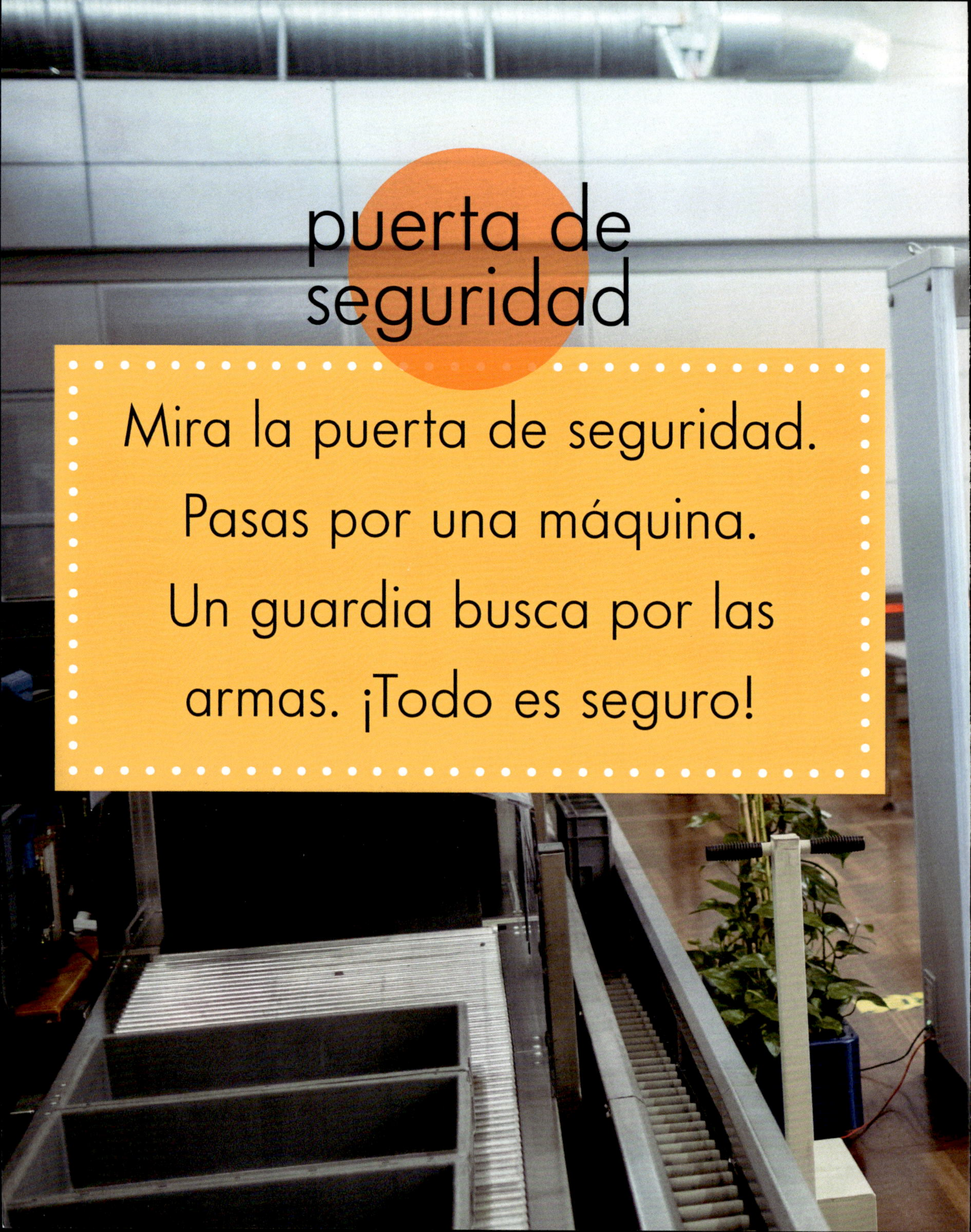

puerta de seguridad

Mira la puerta de seguridad. Pasas por una máquina. Un guardia busca por las armas. ¡Todo es seguro!

EXIT
Gate
103
Lufthansa
Flug/Flight
LH 858
Code share
SK 3620
Zeit/Time
17:00
nach - über/to - via
Oslo-Gardermoen

puerta de embarque

Mira la puerta de embarque.

El avión se detiene aquí.

Puedes subir.

pista

Mira la pista.

Los aviones despegan.

Aterrizan.

Necesitan mucho espacio.

cinta transportadora

Mira la cinta transportadora.
Las maletas vienen del avión.
Puedes tomar tu maleta.

Los aviones van
a lugares lejanos.
¡Es divertido volar!

puerta de seguridad

cinta transportadora

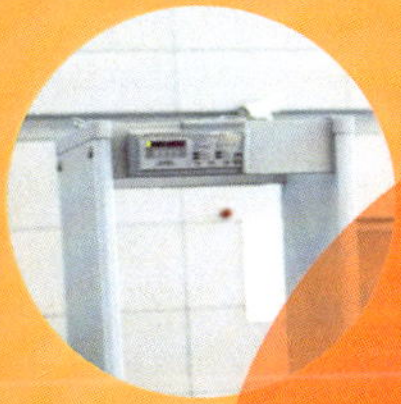

¿Lo encontraste?

pista

puerta de embarque

Publicado por Amicus Learning, un sello de Amicus
P.O. Box 227, Mankato, MN 56002
www.amicuspublishing.us

Library of Congress Cataloging-in-Publication Data
Names: Thielges, Alissa, 1995- author.
Title: Aeropuerto / Alissa Thielges.
Other titles: Airports. Spanish
Description: Mankato, MN : Amicus Learning, 2025. | Series: Recorrido por la ciudad | Audience: Ages 4-7 | Audience: Grades K-1 | Summary: "A search-and-find book about airports reinforces new Spanish vocabulary to build reading success while close-up images captivate early readers. A great early social studies book to inspire learning about communities on field trips for kindergartners and first graders. North American Spanish translation"—Provided by publisher.
Identifiers: LCCN 2023045335 (print) | LCCN 2023045336 (ebook) | ISBN 9781645499282 (library binding) | ISBN 9798892000215 ebook)
Subjects: LCSH: Airports--Juvenile literature.
Classification: LCC TL725.15 .T4518 2025 (print) | LCC TL725.15 (ebook) | DDC 387.7/36—dc23/eng/20231107
LC record available at https://lccn.loc.gov/2023045335
LC ebook record available at https://lccn.loc.gov/2023045336

Rebecca Glaser, editora
Deb Miner, diseñador de la serie
Kim Pfeffer, diseñador de libro y investigación fotográfica

Créditos de Imágenes: AdobeStock/think4photop, 8-9; Alamy/Wavebreakmedia Ltd UC24, 6-7; Dreamstime/Christian Heinz, 8, Dezzor, 10-11, Lee Avison, 12-13, Lukas Gojda, 1; iStock/aapsky, 14, buzbuzzer, 3; Shutterstock/chuyuss, cover, Ewa Studio, 4-5